27/18553

ÉLOGE
DE
J.-I. SAURIN

AVOCAT AU PARLEMENT DE PROVENCE

PRONONCÉ

A LA SÉANCE SOLENNELLE DE RENTRÉE

DE LA SOCIÉTÉ DE JURISPRUDENCE D'AIX

LE 19 DÉCEMBRE 1860

PAR

EDMOND BARRÊME,

AVOCAT A LA COUR D'AIX.

« Parlez, Saurin, vous qui savez la loi. »
(Paroles de Louis XIV à Saurin).

AIX

IMPRIMERIE ILLY, RUE DU COLLÉGE, 20.

1861

𝔄 la mémoire de mon 𝔓ère.

———

A MON FRÈRE
LÉON BARRÊME,
Avoué près le Tribunal civil d'Aix.

A M. L. CABANTOUS

Bâtonnier de l'Ordre des Avocats,
Président de la Société de Jurisprudence,
Professeur à la Faculté de Droit d'Aix.

ÉLOGE

DE

J.-I. SAURIN

Messieurs,

Obéissant à un devoir qui m'est imposé par l'usage et le suffrage flatteur de mes jeunes confrères, je vais avoir l'honneur, à l'ouverture des travaux de notre Conférence, de faire revivre à vos yeux, une de ces modestes et nobles figures du xviime siècle, qui ont illustré tout à la fois et la Provence et son barreau.

Notre pays, si fertile en souvenirs, si fécond en esprits d'élite, si riche en monuments, doit pourtant sa plus belle page historique, à ces hommes profonds, jurisconsultes éclairés, laborieux architectes de l'édifice social, citoyens vertueux qui alliaient les devoirs d'une profession difficile, à ceux de l'administration de notre Provence ; et quoique des paroles plus autorisées que la mienne, vous aient déjà fait connaître ce que furent, pour l'honneur de notre robe, Duperier et Boniface, Gensolen et Julien, Gassier et Pascalis, Portalis et Siméon, et ces deux autres nos contemporains Dubreuil et Bernard (1), tous avocats, et tour-à-tour écrivains, magistrats, professeurs, assesseurs, arrêtistes, permettez-moi d'ajouter un nom de plus à ces illustrations provençales, et de vous entretenir d'un de ces avocats, dont le dévouement aux devoirs de sa profession fut sans bornes, qui soutint avec autant de zèle et d'intelligence les intérêts de la noblesse, que ceux des pauvres, qui marqua son assessorat par une administration impartiale et éclairée, et qui ne quitta le bonnet de Primicier que pour revètir l'hermine de premier président du sénat de Nice.

Je veux parler du savant SAURIN.

L'origine de la maison des Saurin, remonterait au dixième siècle, s'il faut en croire Maynier (2). On peut cependant ajouter pleine confiance au récit d'un des membres de cette famille qui nous fait connaître comment René d'Anjou, ce royal artiste, anoblit ses aïeux et peignit de sa propre main leurs armoiries. Il est facile, en partant de cette époque, de suivre leur généalogie, qui, clairement établie depuis 1452, s'est éteinte vers la fin du siècle dernier.

Cette famille appartient au barreau de Provence, depuis Antoine Saurin (3), homme d'esprit, littérateur et jurisconsulte, ouvrant dignement son entrée parmi les gens de robe comme professeur de droit romain dans notre Faculté (4) ; il succédait à Fabrot, qui, pour échanger sa chaire, contre celle de droit canon, fut obligé de subir un concours et de surmonter la capricieuse injure que l'on faisait à son mérite et à ses vingt-cinq ans de professorat. La science oblige ; et Antoine, pour continuer les remarquables leçons dues au génie de Fabrot, demanda à l'étude, à la persévérance, à la noble ambition, un savoir, qui, s'il ne surpassa point celui du maître, ne lui fut cependant jamais inférieur.

De son mariage avec Anne Meyssonnier, fille de Louis, médecin ordinaire de Louis XIII, Antoine Saurin eut plusieurs enfants. Outre une belle fortune, ils recueillirent un héritage plus précieux encore, celui de la probité et du talent. Mais aucun d'eux ne posséda à un plus haut degré ces vertus héréditaires, que Joseph-Ignace Saurin, qui naquit à Aix le 29 décembre 1641 (5).

Élevé au collége des Jésuites, le jeune Ignace sut profiter des instructions de ses maîtres. Ceux-ci, ravis de ses heureuses dispositions, se plûrent à les développer et à les enrichir. Aussi acheva-t-il rapidement ses études classiques. Doué d'une intelligence d'élite, d'un jugement droit, de connaissances profondes, I. Saurin se fraya promptement le chemin de son avenir. Il n'avait d'ailleurs qu'à suivre l'exemple de son père ; bien plus, il eut le bonheur d'écouter ses leçons. La parole qui tombait, du haut de la chaire, sur l'élève studieux, était tout à la fois instructive et sévère, et le professeur ne se souvint qu'il était père, que le jour où il conférait, avec une émotion bien naturelle, le grade de docteur à son fils, à peine âgé de vingt ans (6).

Comme ses devanciers, Ignace, docteur *in utroque jure*, se recueillit dans le silence du cabinet et se prépara à la lutte. Un stage laborieux et de plusieurs années, s'il ne formait pas les *écoutants*, à l'art de la parole, les initiait du moins aux secrets de la science. Savoir la loi, à cette époque, c'était, par de longues et pénibles veilles, s'être approprié les richesses du droit romain, avoir étudié les arrêtistes, analysé les auteurs, annoté leurs ouvrages et lu leurs consultations. Aussi le jour du combat était-il un jour de victoire.

Je voudrais pouvoir vous dire ses succès comme avocat, et vous faire apprécier son mérite et sa science par quelques extraits de ses plaidoiries. C'est le meilleur moyen d'étudier les grands maîtres en tous genres que de les juger par leurs œuvres. Mais à cet égard nos archives sont bien pauvres, et l'on n'a recueilli que bien peu de choses de toutes les belles paroles tombées de ses lèvres.

D'un autre côté, dans notre temps où la langue française a atteint son apogée, où le style est formé, où le goût est difficile, la critique, procédant par comparaison, pourrait peut-être s'exercer inconsidérément, sans tenir assez de compte de tous les obstacles qu'avait à surmonter un avocat de ce temps-là. Je me contenterai donc de vous citer une seule des plaidoiries qu'il fournit, sous son premier assessorat, et qui présente quelque intérêt à cause de son côté d'actualité.

Avocat de la communauté d'Aix, Saurin prit à cœur la défense de la cité, dans la circonstance suivante ; et ce fut pour les consuls, dit l'historien de Haitze, une véritable gloire (7).

L'avenue du cours Saint-Louis offrait une agréable perspective, avant qu'un rideau de bizarres constructions n'en enlevât tout le coup-d'œil.

En 1681, le sieur de Beaufort et quelques autres particuliers qui possédaient des héritages le long du cours Saint-Louis, firent dresser un plan, et demandèrent l'autorisation d'y bâtir. Dès que le conseil communal eut connaissance de cette entreprise, il en prévit les pernicieuses conséquences. On accueillit mal cette demande, et, après un examen sérieux, on la rejeta. Les entrepreneurs obtinrent alors qu'il serait pris l'avis d'Alexandre Morant, intendant de la province, sur le principe d'utilité publique. L'avocat Gastaud, au nom du sieur de Beaufort et de ses adhérants, et l'assesseur Saurin, au nom des consuls et de la communauté de la ville d'Aix, firent valoir successivement leurs prétentions, qui furent portées jusqu'aux pieds du trône.

Saurin pose et discute, dans la défense, le grand principe d'utilité publique, comme on le ferait de nos jours; il aborde ensuite le fait, invoque pour le public la liberté de la vue, la salubrité de l'air et l'agrément d'une belle promenade aux portes de la ville; pour la communauté, il fait ressortir la difficulté de défendre les nouvelles constructions en cas de guerre, la facilité d'exercer la contrebande, et enfin dans l'intérêt des constructeurs eux-mêmes, « ce sera, dit-il en « terminant, un fort bon office pour plusieurs,

« que de leur ôter une pareille occasion de dé-
« pense ; bien plus, leur défectueuse bâtisse serait
« entièrement irréparable. Et quand il serait vrai
« que les maisons que l'on prétend bâtir, for-
« meraient une décoration merveilleuse, ferait-
« on des palais enchantés sur le cours Saint-
« Louis, jamais il ne serait aussi agréable que
« dans son état actuel. »

Louis XIV qui s'était réservé de faire droit aux parties, prit en considération les motifs tirés de l'utilité publique, et ne s'arrêta pas au caprice de quelques particuliers. Il leur fut défendu de bâtir. Saurin avait bien un peu plaidé sa propre cause ; car il habitait dans la rue Saint-Louis, la première maison qui fait angle avec la lice intérieure (8), et sa vue pouvait s'étendre et se reposer sur le riant amphithéâtre qui termine, au dernier plan, l'avenue du cours Saint-Louis. Mais cela n'entra pour rien dans les considérations qu'il fit valoir ; il les puisa dans un ordre d'idées plus élevées.

Nous avons de lui un assez grand nombre de consultations qui ont survécu aux injures du temps, et qui permettent d'apprécier son érudition.

Il était de cette génération forte et laborieuse qui a laissé l'empreinte de son génie dans nos annales judiciaires, et qui luttait avec la plume plus sûrement encore qu'avec la parole. Mais l'analyse de ces mémoires m'entraînerait hors du cadre d'une simple biographie, et n'aurait peut-être qu'un intérêt trop restreint aujourd'hui. Qu'il me suffise donc de vous dire qu'il était en ce genre, l'émule des Duperier, des Gaillard et des Peyssonnel, pour que vous vous fassiez une idée exacte de la sûreté de ses vues et de l'étendue de ses lumières. Quelle brillante époque, d'ailleurs, que celle où a vécu Saurin ! Quel mouvement imprimé à l'esprit humain ! C'est le grand siècle ! Dans toutes les branches du savoir, on voit surgir les représentants les plus illustres, et nous les entourons des mêmes études et des mêmes respects que les classiques de la Grèce et de Rome. Bossuet écrit l'histoire ; Pascal enseigne la philophie ; la Bruyère fait de la satire une école de sagesse ; Molière de son théâtre une école de vérité. La poésie devient classique, c'est la plus grande gloire de Racine ; et le style, si parfait qu'il soit, ne vient cependant qu'en seconde ligne. Le Droit, dépouillé, lui aussi, de ses vieilles formules, et entravé seulement par la difficulté d'atteindre son but unitaire, n'en occupe pas moins la première place, dans cette marche triomphale de toutes les sciences, à travers le XVIIme siècle. Les philosophes les plus en renom ne semblent pas vouloir toujours habiter les hauteurs de la métaphysique ; ils se font jurisconsultes et se rangent du côté de la raison écrite. Vérité, raison, droit, choses inséparables et symbole de la justice. Instruits par le passé, les hommes qui vécurent dans cette seconde antiquité, déjà éloignée de la Renaissance, et qui se vouèrent à l'étude du droit, nous ont laissé leurs travaux et leurs œuvres, et ont posé les premières assises sur lesquelles notre législation est si fortement établie. Ces grands hommes poursuivaient l'idée de l'égalité civile. Les règlements de Charlemagne, les arrêtés de Louis IX, les ordonnances de Louis XI, et enfin le Code Louis avaient indiqué le principe ; mais, il fallait pour arriver à sa réalisation, que les coutumes écrites ou non écrites, les lois françaises et étrangères, le droit des communes, les institutions politiques, le langage, les mœurs fussent jetés au creuset, et qu'il sortît de ce chaos la lumière qui de nos jours éclaire même les pays étrangers à notre nationalité. Sortie de la tourmente révolutionnaire, la France voulut glorieusement ouvrir cette ère nouvelle ; elle travailla à l'uniformité dans la législation, et quelques mois suffirent pour promulguer un code dont plusieurs siècles avaient préparé le laborieux enfantement.

Saurin, quoique n'ayant pas écrit d'ouvrages sur la loi, peut encore occuper une place à côté de ceux qui, dans le Parlement de Provence, se firent un nom par leurs œuvres. Il est à regretter que ses factums, recueillis par son petit-fils (9), ne soient pas parvenus jusqu'à nous. S'il nous avait été donné de les connaître, nous y aurions trouvé des recherches minutieuses, de judicieuses observations et des annotations savantes, fruits de patientes veilles. A ce titre seul, il peut revendiquer l'honneur d'avoir marché de pair avec les jurisconsultes qui ont doté notre pays d'impérissables monuments de jurisprudence.

Après vingt-cinq années consacrées aux affaires du Palais, I. Saurin dont la réputation avait grandi au barreau, se vit élevé, en 1686, à la dignité du rectorat (10). Il succéda à J.-B. de Coriolis, marquis d'Espinouse.

Le nouveau primicier voulut, comme il arrive presque toujours, amener quelques réformes dans le sein de l'université. Mal lui en prit, car il touchait à des prérogatives purement honorifiques de quelques anciens docteurs qui ne voulurent pas laisser à de plus jeunes, les fatigues d'un service souvent pénible pour des personnes âgées. Voici comment ce conflit prit naissance : en 1683, par la déclaration du roi, portant règlement de la Faculté de droit d'Aix, on devait nommer, à l'ouverture des écoles, douze des plus anciens docteurs en droit pour transmettre, en les enseignant, les vieux et primitifs usages. Lorsqu'on procéda à la nomination des douze agrégés, Saurin songea à ses amis, tous instruits, et, paraît-il, trop jeunes.

Aussitôt deux camps se formèrent, et, malgré la plus vive opposition des anciens, celui du primicier l'emporta. Mais son triomphe fut de courte durée; le Parlement cassa cette élection. Saurin et ses amis s'inclinèrent devant l'autorité de cette sentence. Peu de temps après vint le jour du renouvellement rectoral, et Saurin, dont l'amour-propre avait été froissé, se faisait longtemps attendre pour aller présider le collége électoral. On députa vers lui, pour le prier de se rendre à l'assemblée. Il s'en excusa prétextant une maladie. Cette réponse parut spécieuse, et au bout de quelques instants on le manda pour la seconde fois. Alors ne pouvant contenir son humeur méridionale, et se souvenant sans doute de la réponse du poète Ennius à l'importun Nasica (11) : — « Qui demandez-vous, leur dit-il, le primicier Saurin ? Il n'y est pas. Il est à sa maison de campagne (12). »

Son mandat devait bientôt expirer, et ce grade seul eut honoré ses jours, partagés qu'ils avaient été entre les fonctions de l'assessorat, qui réglait les droits du pays, et celles de l'Université, dont les lumières furent une des gloires de la Provence.

En dehors des intérêts universitaires qui lui avaient été confiés et qu'il sut toujours faire respecter, le recteur Saurin, avant de déposer le chaperon de satin, eut l'insigne honneur de présider à une fête donnée à l'occasion du rétablissement de la santé du roi (13).

L'Université, le Parlement, le Clergé, les Associations de corps et métiers se réunirent tous pour remercier le ciel, et chacune de ces institutions, pour perpétuer la mémoire d'aussi brillantes fêtes, voulut que leur relation en fut imprimée.

Dès le matin du 24 février 1687, le primicier, escorté par une compagnie de mousquetaires, se rendit dans la grande salle de l'Université, où l'attendaient les trois facultés de Théologie, de Jurisprudence et de Médecine. Après avoir assisté au service célébré dans la métropole Saint-Sauveur, cet imposant cortége se dirigea vers la place des Prêcheurs, où s'élevait un magnifique arc-de-triomphe aux armes de l'Université (14). Partout sur son passage éclataient en applaudissements les marques de la plus vive sympathie, et le chef de cette auguste assemblée, revêtu de ses insignes de recteur, attirait vers lui tous les regards et inspirait un profond respect (15).

Comme simple particulier, il donna aussi sa fête, et réunit ses amis à une table richement servie, dont sa fille fit les honneurs avec autant d'esprit que de grâce (16).

Heureux dans sa vie privée, Saurin aurait pu en se retirant des affaires jouir d'un repos que lui rendait si doux l'amour de la science. Mais il se sentait encore trop de forces pour abandonner ses clients. Aussi se vit-il, en l'année 1691, appelé pour la seconde fois à l'honneur professionnel de l'assessorat.

Déjà assesseur, en 1681, il avait succédé à Boniface ; et cette figure, esquissée par une main habile, est encore présente à vos souvenirs (17). Prendre la suite de la gestion administrative de Boniface, c'était charger l'avenir de marcher sur les traces du passé. La dette était difficile à acquitter, et je crois être vrai en affirmant qu'il fut digne de son prédécesseur. Réélu en 1691, il dut à son second assessorat d'être investi de la plus haute fonction de la magistrature, comme premier président du sénat de Nice.

En cette année, Messieurs, la France ajoutait un fleuron à sa couronne. Louis XIV triomphait de tous côtés, et reculait les frontières de son royaume. Alger, Tunis, Tripoli et Gênes la superbe apportèrent l'assurance de leur soumission, au milieu des magnificences de Versailles. Catinat, ce grand capitaine, arriva à Aix au commencement du mois de mars 1691; il allait forcer le château de Nice. Arrêté dans sa marche par la forteresse de Villefranche, il se présente, enlève la place d'assaut, détruit Montalban et Saint-Hospice. Ces faits d'armes, avant-coureurs de la victoire, permirent à Catinat d'arriver rapidement devant Nice. Il dresse des batteries de siège, là où 148 ans auparavant, Barberousse et le duc d'Enghien les avaient inutilement établies, foudroie le château, et le 3 avril la place fut cédée aux Français. Ainsi tombait en notre pouvoir, une forteresse réputée imprenable, qui avait plusieurs fois résisté à des forces plus imposantes, sans que l'on pût accuser ses défenseurs d'avoir manqué de constance et de courage. Ainsi, après plusieurs siècles de séparation, rentrait dans la grande famille provençale cette ancienne colonie Massaliote. Cinq ans après, un traité rendait Nice au Piémont, et Saurin se retira, accompagné des regrets de tous ceux qui avaient appris à le connaître. Redevenue française, lors des guerres du premier Empire, Nice abandonna péniblement notre drapeau, lorsque l'Europe entière nous resserrait dans d'étroites limites. Aujourd'hui définitivement annexé à la France, ce beau pays peut avouer hautement l'honneur d'avoir eu à la tête de son sénat un magistrat qui apporta dans l'administration de la justice cette sagesse et ce talent qui avaient été remarqués par Catinat, lors de son passage dans nos contrées (18).

Avant d'aller remplir une charge aussi élevée, I. Saurin, dont le cœur égalait le mérite, ne voulut pas quitter sa ville natale sans y laisser une trace de ses bienfaits et couronner son assessorat par une bonne action. Sa sollicitude se tourna vers les malheureux privés de la raison ; il désira leur assurer un asile, car les pauvres insensés couraient les rues et devenaient parfois le jouet de la foule. Sous son patronage, toute œuvre de charité faisait de nombreux prosélytes, et il eut bientôt les fonds nécessaires pour acheter une maison dans laquelle les malades reçurent les soins les plus assidus.

Ceux qui eurent le bonheur de revenir à la raison n'oublièrent jamais, qu'après Dieu, ils devaient bénir le nom de Saurin (19).

J'arrive maintenant à l'épisode le plus intéressant de la vie que je vous raconte. C'est cet éloge flatteur tombé de la bouche de Louis XIV, ce mot qui résume une célébrité.

Syndic de la noblesse, il fut député à Paris pour faire maintenir ce noble corps dans le droit de compensation, droit que le tiers-État regarda toujours comme une introduction dangereuse et une source d'abus (20).

Par ses lettres-patentes du 20 juin 1541, François Ier ordonna aux nobles qui avaient acquis des biens roturiers de contribuer aux tailles et charges. Les seigneurs de fiefs, les gens d'église et la noblesse s'opposèrent à la publication et vérification de ces lettres, et l'affaire fut évoquée au Parlement de Paris.

La noblesse voulait user de la compensation, moyen par lequel un seigneur dans son fief affranchissait de la taille un bien roturier qu'il possédait, par l'application qui en était faite à un bien noble de pareille valeur, aliéné par lui ou par ses auteurs. Le tiers-état et la noblesse combattaient à armes égales ; ils obtenaient des arrêts du Conseil qui étaient loin d'aplanir les difficultés, et les députés des États qui procédèrent à l'*affouagement* général de 1665 remarquèrent que des seigneurs s'étaient fait affranchir de l'impôt de la taille à prix d'argent, que d'autres avaient rapporté des actes de vente de domaines avec franchise de taille, et dans une assemblée tenue à Lambesc, ils délibérèrent de supplier le roi de remédier à ces désordres.

Par sa déclaration du mois de février 1666, Louis XIV abrogea le droit de compensation. La noblesse (comme on le pense), s'y opposa d'abord, et obtint ensuite un arrêt de réformation. Nouvelles plaintes du tiers-état et des communes, et c'est alors que Saurin, assigné au conseil d'État, à Paris, vit ses démarches couronnées de succès, et rapporta, avec une preuve de plus de son dévouement à la noblesse, un arrêt qui, à la date du 7 février 1702, tout en le renfermant dans des limites plus étroites, maintenait le droit de compensation.

Louis XIV avait entendu et jugé le défenseur de la noblesse de Provence. Aussi se souvint-il de lui, un jour que du sein de l'imposante assemblée du conseil d'État s'élevait un débat au sujet d'une affaire de la plus haute importance ; c'était un tournoi juridique, et des hommes de science et d'opinion divisée faisaient assaut de savoir et d'éloquence. La solution pourtant allait être ajournée ; tout-à-coup Louis XIV aperçoit Saurin, arrête la discussion, et d'un geste gracieux invitant notre héros à donner son avis, le grand roi lui dit, avec cette brièveté de parole qui parfois lui était familière : « *Parlez, Saurin, vous qui savez la loi.* »

Il prit la parole, présenta le débat sous son véritable jour, et son opinion prévalut.

Sa vive intelligence et la rectitude de son jugement expliquent ce haut témoignage de confiance, qui nous donne une idée du prestige qu'il inspirait et de la supériorité qu'on lui reconnaissait. Aussi se vit-il appelé, par lettres-patentes de 1710, contenant confirmation de noblesse, à faire définitivement partie de la famille nobiliaire. C'était, avec des marques de son estime particulière, une flatteuse distinction que le roi lui accordait pour les nombreux services qu'il avait rendus à l'État (21).

Mais un bonheur plus grand encore vint combler le cœur de Saurin, à ses dernières années. Il vit son fils grandir au barreau, et y prendre une place distinguée entre les meilleurs avocats de son temps.

Je regrette de ne pouvoir, en vous peignant la vie du père, vous retracer aussi celle du fils (22). Mais ce serait vous présenter la même image, car on reconnaît dans l'un toutes les qualités qui distinguaient l'autre. De plus que son père, Pierre Saurin nous a laissé une correspondance avec Decormis, peu connue, mais fort remarquable, et qui mériterait d'être toute racontée. Ce travail, aussi long que délicat, m'entraînerait trop loin. D'ailleurs il s'élabore dans ce moment sous l'inspiration de la plume d'un de nos confrères qui a déjà enrichi d'ouvrages remarquables notre bibliothèque provençale (23).

Cependant je ne puis résister au désir de vous dire quelques mots de cette correspondance, d'autant plus intéressante qu'elle est l'expression de la pensée intime du temps où elle a été écrite, et qu'elle est la confidence sincère de deux âmes bien nées (24).

C'était pendant la peste de 1720. Decormis et Pierre Saurin, esprits nobles et cultivés, séparés pendant plusieurs mois par la rigueur de la quarantaine, et pénétrés de la dignité de leur profession, échangèrent, dans la forme des opuscules de Loisel, une série de lettres familières qui donnent la plus parfaite idée des rivalités, des luttes et des mœurs du barreau de cette époque.

L'institution du Parlement avait accru l'importance et la considération du barreau de Provence. Mais peu à peu une partie influente de la noblesse parlementaire cherchant à créer une profonde démarcation entre elle et le barreau, donna naissance à une jalousie mesquine, puisqu'elle s'attachait à détruire le prestige et les droits honorifiques de la robe. « Et pourtant, « écrit Pierre Saurin, la fonction de l'avocat est « une partie du ministère de la justice, aussi « nécessaire et aussi essentielle que celle du « juge. L'avocat est pour alléguer la justice et « la mettre dans son jour, le juge est pour la « faire valoir. Le premier en est pour ainsi dire « le père et le second en est le tuteur. L'un est « pour combattre l'iniquité et l'autre pour la « terrasser. » Ensuite, il regrette amèrement cette lutte de mauvais aloi : le lieutenant civil paraîtra aux audiences avec le chaperon d'hermine ; les magistrats n'observeront pas les heures marquées par les ordonnances, et pour les avocats la perte de temps est irréparable ; le Parlement, transportant son siège dans un lieu éloigné de la contagion, confiera le soin de la justice criminelle à une commission d'anciens avocats, et se réservera le *visa* de leurs sentences ; MM. du parquet se ménageront un petit marche-pied pour être plus élevés que le banc des avocats ; on enlèvera le tapis et les rembourrures du banc des anciens de l'ordre ; on défendra aux avocats de plaider avec la main gantée, enfin il ne fut dégoûts que l'on n'inventât pour éloigner du barreau des hommes de talent.

Arrivant aux titres pompeux dont se qualifient les magistrats, Decormis et Pierre Saurin déplorent : « que le plus petit des conseillers du « royaume laisse la qualité de *maître* aux avo- « cats, et se donne la qualité de *messire, che- « valier, haut et puissant seigneur*, sans s'aper- « cevoir que rien n'est plus honorable que de « pouvoir se dire *maître* dans la profession que « l'on exerce. »

On avait sans doute oublié à cette époque que la magistrature et le barreau ont les mêmes ancêtres, la même religion, la même famille.

On voit, par la lecture de cette précieuse correspondance, que ce qui répugnait le plus à ces deux nobles caractères c'était surtout la vénalité des offices. « On entrait alors dans la « magistrature par la porte simoniaque de l'ar- « gent. Celle de la vertu était fermée et la chaise « curule du magistrat nouveau venu n'était occu- « pée qu'à la condition d'une grande fortune. »

Enfin, il paraît que ces sortes de vexations avaient pris une telle influence sur le caractère de ces deux hommes que « pour soustraire leur « postérité aux dégoûts que l'on essuyait de « jour en jour, ils préférèrent le célibat, non-

« seulement, ajoute Pierre Saurin, à cause des
« charges du mariage que quelques docteurs
« s'avisent de fixer à soixante, quand elles sont
« plus nombreuses que les arbres d'une forêt ;
« mais encore parce que l'attachement pour les
« enfants vous détache des vrais intérêts de la
« profession. Ainsi, tout bien compté, je crois
« avoir fait merveilles de préférer la solitude du
« célibat, à la sollicitude du mariage (25). »

Vers la fin du siècle dans lequel Pierre Saurin écrivait cette correspondance, la Constituante supprima les Parlements ; et quoique le barreau d'Aix eût été entraîné dans l'impulsion philosophique du XVIIIme siècle, un lien secret l'enchaînait à l'aristocrate magistrature. Dans les dernières convulsions de sa rapide agonie, le Parlement d'Aix trouva encore d'illustres défenseurs. Le 27 septembre 1790, ce Parlement tint sa dernière séance, et l'ordre des avocats, ayant à sa tête l'infortuné Pascalis, d'Alpheran et Dubreuil, protesta de ses hommages au Parlement et de sa fidélité au roi de France.

Cette digression, qui nous a permis de jeter un coup-d'œil rapide sur ces lettres et de juger l'esprit de l'auteur, en le surprenant dans les évènements de la vie privée, m'était imposée comme complément de la biographie que je vous présente. Il m'eût été difficile de faire l'éloge d'Ignace Saurin, avocat, jurisconsulte, assesseur, primicier, syndic du corps de la noblesse, président de Cour, et d'appendre, d'une main timide, son portrait à côté de tous ceux qui brillent du plus pur éclat, sans vous parler de Pierre Saurin, son fils, si digne héritier de son talent et de ses vertus.

I. Saurin, après son retour de Paris, se retira des lourdes charges de la chose publique et revint à ses meilleurs amis, ses livres. Il dépensait ses vieux jours entre les doux loisirs de la campagne et la silencieuse étude du cabinet. Là, il écrivait sans cesse ; le droit romain avait ses faveurs. Le vieillard revenait volontiers vers les études de ses jeunes années, et la mort devait le surprendre au travail. Vers le commencement de l'automne de 1714, la maladie qui le conduisit au tombeau fit de rapides progrès. Pendant trois jours, il fut sous l'empire du délire, et récitait tout ce qu'il savait des lois romaines.

Le 10 septembre de cette même année fut un jour de tristesse pour la ville d'Aix.

Entouré de pieuses larmes et de prières, I. Saurin, âgé de 73 ans, mourut en homme de bien. Le barreau perdait une de ses lumières et les pauvres un dévoué protecteur (26).

Après avoir entendu ce rapide exposé, ne penserez-vous pas, Messieurs, qu'Ignace Saurin puisse occuper dignement un des siéges que notre Société de Jurisprudence, dans sa respectueuse et filiale admiration, a élevés à tous ceux qui par leur mérite ont fait du barreau de Provence l'école du bon goût, du savoir et des saines traditions? Quant à l'honneur que m'ont déféré vos suffrages, permettez-moi de vous dire que j'en ai été effrayé, moins par la crainte d'un jugement que dictera votre bienveillance, que par la difficulté qu'il y avait à suivre, même de loin, les traces de talent et de succès de ceux qui m'ont précédé à cette place.

NOTES

(1) Tous ces avocats ont fait le sujet d'un éloge particulier, lors de la rentrée annuelle des Conférences. Ils sont placés ici par ordre chronologique et non par ordre de lectures.

(2) *Histoire de la principale noblesse de Provence* de Maynier. Aix, David, 1719, in-4°. (V. Saurin, p. 246).

(3) Ant. Saurin, premier professeur en droit à l'Université d'Aix, né le 22 janvier 1585, mort en 1668. Il avait prononcé en 1613, à la mort de Jean de La Cépède, premier président de la Cour des Comptes, un discours qui a été imprimé.

(4) *Notice sur Fabrot,* par M. Ch. Giraud. Aix, Aubin, 1833, in-8°.

(5) M^{ss} de Clapiers sur l'État civil d'Aix. (Bib.-Méj.)

(6) Reçu docteur le 19 juin 1661.

(7) De Haitze, *Histoire d'Aix*, m^s, liv. 24, chap. 31. La bibliothèque d'Aix possède l'autographe dont M. le Cte E. de Lagoy a bien voulu mettre à notre disposition une fort belle copie. (Voir : Dires donnés pardevant Mgr l'intendant touchant le faux-bourg que le sieur de Beaufort et ses adhérants demandent qu'il leur soit permis de faire hors la porte Saint-Louis. Aix, Ch. David, 1681, in-4°).

(8) V. les *Rues d'Aix* de Roux-Alpheran. Aix, Aubin, 1846-1848, 2 vol. gr. in-8°, t. 2, p. 10 et suiv.

(9) Thomas-Ignace-Albin de Saurin, seigneur de Murat, était fils de Charles, capitaine de vaisseau, et d'Élisabeth de Thesan-Pujols. Il mourut en 1754 sans laisser aucun enfant de son alliance avec Louise de Pailles. (Not. des offic. de la Cour des Comptes, par le Père Bicais, m^{ss} 535. B.-Méj.)

(10) *Questor* en 1672 et Primicier en 1686. *Catalogus EE. DD. doctorum almæ universitatis Aquensis.* Aix, v^{ve} Roize, 1702.

(11) Ciceron, *de Orat.* 11. 68.

(12) De Haitze, *Histoire d'Aix,* 1686, liv. 24, ch. 13. La campagne qu'habitait Saurin, connue encore aujourd'hui sous le nom de la Saurine, au quartier de Saint-Marc-la-Morée, dans le territoire de Meyreuil, avait été bâtie sur un plan dressé par Puget, célèbre architecte et ami de Saurin.

(13) V. Prosper Cabasse, *Essais historiques sur le Parlement de Provence,* t. 2, p. 69.— Paris, Pihan de Laforest, 1826, 3 vol. in-8º.

(14) Le blason de l'Université était d'or à la lettre capitale P de gueules surmontée d'un bonnet doctoral de sable.

(15) On retrouve son portrait dans le *Recueil de portraits de Provençaux célèbres,* réunis en 2 vol. par M. de Saint-Vincens. (B.-Méj.)

(16) V. *Relation des réjouissances que l'Université d'Aix en Provence a faites pour le rétablissement de la santé du Roi,* p. 89 et suiv.— Aix, Guill. Legrand, 1687, in-8º.

(17) *Éloge de H. de Boniface,* par L. de Berluc-Perussis, avocat à la Cour d'Aix. — Aix, Illy, 1860.

(18) *Histoire de Provence,* par Aug. Fabre, t. 4, p. 196. Marseille, 1833-1835. — V. Durante, *Hist. de Nice,* t. 2, p. 528, notes.

(19) De Haitze, *Hist. d'Aix,* 1686, liv. 24, ch. 36-37.— Ce fut sous le consulat de Saurin que l'on rebâtit l'église des Prêcheurs. Le 1er septembre 1691 eut lieu la pose de la première pierre, sur laquelle fut gravée cette inscription, de laquelle nous avons extrait le passage suivant :

CLARISSIMUS DOMINUS IGNATIUS SAURIN
CAUSARUM FORENSIUM PRIMI NOMINIS PATRONUS,
CONSULUM ORATOR ET ORBIS GENIUS.

En 1687, Saurin avait fait une procédure en statut de querelle, confirmée par arrêt du Conseil, contre les particuliers des Pinchinats, qui retenaient les eaux thermales. Il fit démolir, par une ordonnance de M. de Forbin Sainte-Croix, un ouvrage en pierre de taille, et rendit ainsi à la ville d'Aix ses salutaires eaux. (Corresp. Lettre de Saurin à Decormis, 17 juin 1721. — V. encore Robert, *Essai historique et médical sur les eaux d'Aix,* p. 32-33. Aix, Mouret, 1812, in-8º).

(20) J.-J. Julien, *Statuts de Provence,* t. 2. — Tous les arrêts relatifs au droit de compensation y sont relatés en entier.

(21) Lettres-patentes de noblesse et confirmation pour M. J.-I. Saurin, avocat en la Cour, ses enfants et descendants. (Archives de la préfecture de Marseille. — Reg. Nox. armoire B, n° 64, f. 249). Saurin porte de gueules à une fasce courbée d'or, chargée d'un léopard de sable, et l'écu timbré d'un casque de profil, orné de ses lambrequins d'or, de gueules et de sable. Devise : une orange, avec ces mots : *verd et mûr*.

(22) Pierre Saurin, né à Aix le 3 février 1670, mort le 15 septembre 1740.

. (23) M. Ch. de Ribbe, avocat à Aix, vient de publier dans la *Revue de Marseille et de Provence*, n° de décembre 1860, un travail sur l'ancien barreau du Parlement de Provence, dans lequel la correspondance entre F. de Cormis et P. Saurin est presque en entier relatée.

(24) V. corresp. manuscrite de Decormis et Saurin. (Bib.-Méj.)

(25) V. *Lettres sur la profession d'avocat* ou corresp. Decormis à Saurin. Aix, 2 mars 1721 (p. 1056 du manuscrit) et Saurin à Decormis (p. 1064).

(26) Il mourut de la goutte remontée et fut enterré dans l'église des Dominicains. V. Roux-Alpheran, *Rues d'Aix*, t. 1, p. 941.—V. aussi Bouche (C.-F.), *Essai sur l'histoire de Provence*, p. 418. Marseille, 1785, 2 vol. in-4°.

www.ingramcontent.com/pod-product-compliance
Lightning Source LLC
Chambersburg PA
CBHW060712050426
42451CB00010B/1394